Häxa & Ängel

Ylva Silverbern

Av Ylva Silverbern har tidigare utgivits

Alltidhult i Jämshögs socken
– En Blekingebygd under 300 år (2017)

Vingar och Verser (2020)
(tillsammans med Eva Kronvall)

Asta Janssons testamente
och andra berättelser från glesbygden
(2022)

Förlag: BoD – Books on Demand,
Stockholm, Sverige
Omslag: Jörgen Midander
ISBN: 978-91-8057-447-1
Tryck: BoD – Books on Demand,
Norderstedt, Tyskland

Teman

Häxa & ängel

Jag klyver mitt öde i två
det ena är ängeln
det andra är häxan
krympta i nattens klor
speglande varandra
klösta till såriga skuggor
smittad
av det långsamma
förförd
av det pågående
förhalas tiden
uppskoven öppnas på vid gavel
utan någon fråga
bara svar
som ingen orkar hejda
skärvor av sanning
som maskerade vapen.

Det var ingen
som riktigt förstod.

En del sa att jag var ombytlig
att vingarna försvann
när natten rusade
in och tankarna ut
genom glöderna
att det vettlösa upplöste
det snövita i molekyler
som lika gärna kunde fogas samman
baklänges
till besvärjelser.

De tvärsäkra förklarade
att det utan tvekan handlade om
en svart ängel
uppstigen
ur Einsteins bottenlösa hål
medan tvivlarna smög omkring
i det finstilta
sökande efter en fotnot.

Andra menade
att det var betydligt värre än så.

De tysta var de som visste.

Nu har jag gjort upp med dem.
Ängeln fick dagen
och häxan fick natten.
Gryning och skymning fördelas
genom lottning.
Förhandlingen var hård
avtalet undertecknades
med tvekan och blod.

Rötterna viskade fränt
ur hennes sånger
fröna grodde sakta
i hennes sköte
örterna bekransade
hennes vilja.

I hennes skugga
blev jag till
allvarsamt
lät hon arvet
falla
in i mig,
klöv hon mitt liv
i före och efter.

Hennes händer.
Jag minns hennes händer.

Stillsamt seniga
som rot runt sten
varsamt starka
som strå i fläta.

Händer
som sökte och samlade
som visste och valde.

Ådrade som bladen
lika ömsesidigt genomskinliga
i nervernas hemliga nät
tvekande
om gränsen mellan dem
någonsin funnits.

Jag lärde hennes språk.
Det stramade tungan
beskade saliven
stavades med svärta
från korparnas flykt.

Orden strömmade ur henne
som blodet varje månad
och varje måne mötte
fyllde hennes mun.

Ringlande ormar av ord
som jag rullade
till nystan i min korg.

Vingarna växer
det värker och vränger
insidan utåt
sidenvitt fras längs armar och lår
det goda är nära
strax under ytan
lugnet vaknar
i ögon och bröst.
När gränsen passeras
faller mörkret isär.

Faller
genom gränsen
genom det streckprickade
de vassa kanterna
skaver över höfter och vingar.

Faller
genom kroppen
låter marken delas
längs väderstreck
rämnar längs skyttegravarna.

Faller
vingarna smärtar
orden försvinner
vindarna vrider och vräker.

Vilken sort
skriker vakten vid spärren
han fumlar fram handen
tar mig i skrevet
mumlar ett gränsfall
men öppnar
just innan
tåget ska gå.

Jag ville tänja broarna
till andra sidan
väcka sångerna
som begravts i sanden
när bomberna föll
och rösterna rycktes upp med
rötterna.

Jag var inte beredd
när någon rev himlen trasig
och jag föll
med sotiga vingar
till en värld som tömts
på sedan och då.

Den elaka vinden viskar
skvallret viner runt gårdar
virvlar i halvtomma lador.

Den som kan hela
kan söndra
den som kan befria
kan besvära.

Någon har hört.
Någon har sett.
Det viskas
om sistlidne Skärtorsdagsnatt.
I vittnenas bås står en sinad ko.

Tjärnen är svart.
Håret flyter i slingor kring bleka kinder.
Elden är ren.
Vingarna växer ur oskuld och aska.

Utan självrisk

Jag tänker mycket på oss
på lust och förlust
på befria och behärska
på underverk och undergång.

Det finns ingen försäkring.

De sa att självrisken är för hög.

Jag vill bränna mitt märke i din panna
känna din lukt i min hud
allt du vill
har jag redan
allt jag vill
har du vetat
inget av det innersta förtvinar
inget av det yttersta begränsar
andas i mig
gråt i mig
låt stormen vridas runt sin axel
låt molnen fyllas av begär
befria min dag
benåda min natt
förlusternas spår suddas ut
stunden växer sig stark.

Jag ropar dig hem
du viskar mig in
när tiden bestämt sig att börja.

Alldeles nära sömnen
är det ovisst
om du andas på armlängds avstånd
eller ljusår från här
öar av närhet
kan möjligen anas
men sikten är skymd
trots tystnadens stiltje.
Kontinenterna skaver tungt under ytan
allt är så vanligt
när tecknen är tydda och glömda.

Under nattens fortsatta resa
dunkar maskinerna dovt
medan dagarna stumt
byter plats med varandra.

Blick laddas i blick,
mitt rovdjur speglar sin kraft i min like
spänningen höjs utan motstånd.

Svarta blixtar på gul botten
slår ner
mitt i våra strimmiga tigerhjärtan.

Rummet elektrifierat
minst tusen volt
vi kunde ha dött direkt
i stället för att långsamt älska ihjäl oss.

I det bortersta mörkret
andas du ännu
väntar
att jag ska avta
väntar att vakterna
ska överlämna mig
till nya övergrepp
i det grumliga
där botten inte syns
bara gyttjan som känns
stiger uppåt
klibbar längs låren.
När skräcken når min midja
vänder du dig
och andas med havet.

Jag borde aldrig velat besegra
din kropp.

Nej, nej, det är ingenting mellan oss.
Vi bara råkade befinna oss
vid samma vattenbryn
i samma ödsliga vintergata
enbart en slump att vi var där
under samma solförmörkelse
i samma hungersnöd
en ren tillfällighet att vi
andades samma mörker och ljus
länge varit varandras hemlighet.

Nej, nej, det är ingenting alls mellan oss
knappast ens huden
som håller blodet samman.

Våra fötter frasar fruset gräs
nattens svärta rinner
förlorade
förblindade
famlar vi varandras värme
vidöppna
med febriga händer
muskler och senor
svettig hud.

Ingen märker att isen rämnar,
ingen berättar att allt är förgäves.

En dag kom sorgen ifatt
gled bara upp
tyst
bredvid
bad om nyckeln
till det låsta rummet
med de fördragna gardinerna
ville bara vara kropp
inuti min kropp
stund inuti min stund
då ögonblicken
taktfast sipprade ut
i lagom doser
längs historien om oss
en snitslad bana
för att hitta vägen
tillbaka
till dagarna utan.

De andra

Hon hade just
krängt på sig revben och tarmar
tog varsamt hjärtat ur asken
och lät det komma på plats.
Ingen visste
ingen hade förstått
hemligheten var hennes
och de tidigas.
Hon spände repet runt midjan
hoppades att det skulle hålla
ännu en dag.
Hon la stenarna i fickan
tände ögonen
och lät luften bära.
Stillheten var lättare
än katedralens
och fiskarna som stormen dödat
var lika tysta som livet.
Hon tänkte
att en dag skulle hon förstå
om sanden var vit
ända ner till botten.
Ingen hade bett henne förstå
men hon behövde veta.

Han går på lina över alla stup
blundar över gatan
blandar aldrig vitt med svart.

När stormen landar vid hans hus
öppnar han sin dörr
mot övermod och död.

Ingen vet om det är bäst att leva
eller vara död.

Framför spegeln
ser hon natten dunsta ur huden
hur rynkan mellan då och nu
fördjupas
medan
minnet av makt rinner längs låren.
En dörr slår igen
en motor startar.

Isen dånar sig allt tyngre
och ur pupillens svarta vak
stiger ropet på hjälp.

Spåren efter honom
yrde snabbt igen
bara blodet
nere i det frusna
fanns som alltid
i det frusna
runt omkring
där han rörde sig
som en permafrost
fast djupare
utan skuld
utan vilja
att ta taigan
tillbaka in i
någon annans verklighet
där de isiga hinnorna
runt de inre organen
kunde tinat
innan spåren försvann.

Kvinnan i regnet står alldeles stilla
blick utan blänk
som uppgiven våris
i slutet av mars
innan
sprickorna
blottar all hennes skam
som giftiga oljor
i växande sjok av döende fiskar
katastrofen rullar in
hon stiger på
visar sin biljett.

Det står en naken man
i skogen på en sten
spanar
över vattenytans krusningar
som det ludna på hans mage
solguldet
glittersilvret
som måsarna kastar
utan mottagare
till vem som vill ha
solguld i sin kropp
glittersilver i sin våg
alldeles utan framtid
bara nu
när viljan övervintrat.

Hon låste dörren
svalde nyckeln
hoppades
att någon
skulle vilja hitta den
skulle våga ta kniven
skulle ta sig in
så hon kunde börja leva
med olåst dörr
och namnskylt.

Om natten
krymper han världen
till
hjärtslag
andetag
avstår från avstånd
vacklar
innanför taggtrådens trygghet
halar
hoppets trasiga segel
sveper det
runt sin förkolnade sol.

När hon en dag insåg
att också hon
var dödsdömd
var det för sent
att lära sig knyppla
spela piano
eller måla tavlor.
Svart var ändå svart
disken lika smutsig
och himlen lika tyst.

Han försvann spårlöst
efterlystes.

Hur man lyser efter någon
utan spår
vet bara de
som hör hemma i mörker.

Bara havet vet

Jag begår mitt mörker
utan att lyssna efter livets hunger
utan att komma för nära
utan att släppa kylan ur sikte
gnider jag smärta
mot smärta
för att se elden födas
utan att tveka
sveper jag in mig i vanmakt
låter jag korparna landa
och hemlängtan gnaga benen vita.

Bara havet vet var hemma är
bara elden vet hur kylan smakar.

Minns du floden
som rann förbi
när vi var unga?
Vi skrattade
trodde att den alltid
skulle finnas
rinna
lika lätt
som våra dagar
motståndslöst
som våra nätter.
Vi badade på våren
alldeles vita.
Havet
låg bortom horisonten.

När havet delar sig
i då och sedan
går jag likt Moses
torrskodd
rakt in i nuets öken
frågar mig
om detta land
har ett namn
eller en karta
om mina fotspår
är verkliga
eller spår
av det verkliga.

Genom fönstret mot havet
kommer saltet med vinden
nästan osynligt
som damm
på hyllorna
på stolarna
på tingen
som inte vet
hur saltet gräver sig in
i det levande köttet
hur saltet smakar i blodet
och finner sig till rätta i min kropp
som om det alltid funnits
som om det kunde befria
mitt minne från förruttnelsen.

Nu rullar jag ut havet!
En öken tar jag till botten.

Och havet rullar själv
med alla sina vågor
till de nya stränderna
där sandslott ska byggas
nära det salta.

När du går i moln
rullar havet tillbaka
allt salt i mitt sår.

Lanternan i fören försvagas,
dyningen andas
sin sövande sälta.
Sjökortets tecken
är dränkta i stjärnor
och ankarets tyngd är bedräglig.
Kompassens taggros har vissnat,
väderstrecken fladdrar i vinden.
Det är sent
och jag är vilse på mitt enda hav.

Nu kommer natten

Nu kommer natten
som stöter mörkret
ur sina ådror
pulserande
av skimrande skräck
tills allt är tömt
och den vita kapitulationen
fladdrar obeväpnad.

Labyrinternas avvägar lockar
fast natten är vidsträckt
och djärvheten lungsiktigt blek.
Kartans förluster är snart inom räckhåll
och mardrömmens gömsle kan skönjas.
Jag bländas av minnenas vådeld
som får frostiga tistlar att tina.

När sanningen slocknat
står de sotiga stänglarna kvar.

Natten kvider
värjer sig mot ljuset
de nyss vaknade
samlar ihop sina inälvor
ger sig av
undviker kyrkogårdar
betongklumpar
vassa hörn
där sikten är skymd
förvånas över
de fastfrusna träden
som saknar namn
och ändå får finnas
misstänker
att skogarna tagit slut
under natten.

Utanför lägerelden
är mörkret
mörkast
i kylan på ryggsidan
smyger det vilda
lukten av djur
överröstar orden
vi kastar i brasan
konsonanterna brinner
sakta och länge
vokalernas gnistregn
bränner hål
i alla sanningar
vi staplar
som en mur
mot det vilda
därutanför.

Natten bygger murar
kring min kropp
vingar av frost
glittrar
i mörkret
ord
av hunger
gnager gångar
genom huden
den förlorade tiden
tvekar i gryningen
vrider det verkliga
mot skymning.

Hon förstorade natten
lät ropen nå över kanten
men månen var envis
vände mörka sidan till.

Hon kände sig lurad
förd bakom ljuset
tills stjärnorna föll
som snö i hennes hår.

Den sista tiden

En dag i den sista tiden
for vi
genom böljande landskap
såg vi
det böljande havet
tänkte vi på ingenting
och var onaturligt lyckliga.
Vi fastnade
i framtidens fälla
och lät molnen
fyllas med tvivel.
Den sista tiden
var den sista
innan hav och himmel
tog tillbaka.

Efter branden
kom fåglarna tillbaka
och vi
sotögda
famlande
nollställde våra rörelser
samlade våra kroppar
utan att röra vid undergången.

Vi tänkte
det går över
sjunker undan
strävade
igen och igen
mot punkten där
pendeln vänder
ville vara
exakta volymer
andas
bortanför tyngdpunkten.

Dagarna mumlar stillsamt
om det som skulle kunna bli
om det som kanske
ligger inom räckhåll
eller åtminstone
skulle kunna vara
värt ett försök
om försöken inte sökte sig bort
i den blekgrå eftertanken
något beslut är ej att tänka på
finns inte ens med på dagordningen.

Medan natten spikar sina sanningar
tvärs genom väggar och tak
rakt in i tarmarnas mörker.

När regnet kom
slutade vi sloka
började fylla ut våra drag
våra former
visionen vaknade
om vem vi ville vara
i verkligheten
som snart skulle födas.
I blindo ritade vi kartor
över nya kontinenter
skapade namn
på nya platser
berättade
för varandra om nya äventyr
medan regnet
fortsatte falla
fortsatte strömma
fortsatte dränka
vår dröm.

Nu är det dags att bygga en båt
med master och segel
minst hundra fot lång.
Nu är det dags att samla sin släkt
och alla slags djur
en hon och en han av var sort.

När floden far fram
ska vi kliva ombord
våra synder ska dränkas i den,
likt Odysseus vi styr
genom stormar och sol
kanske finner vi aldrig ett hem.

Under stjärnornas tak
ska vi sörja den värld
som gick under i dårskapens tid,
och minnas de dagar
som lojt gled förbi
medan viljan och tiden tog slut.

Det glittrande havet
är alldeles klart
det skimrar i guld och turkos
stranden är öde
och fisken är död
vågskvalpet hörs nu av ingen
kontinenten av plast
flyter långsamt förbi
utan mening och mål.

Vår tid här på jorden blev kort,
en flinga som smälter på kinden

Tiden brusar
i vågorna på vattnet
i träden på marken
i åren som krymper.

Gulnade minnen
faller
som foton
ur bortglömda album
bläcket har bleknat
men leendet finns kvar
långt efter namnet.

Det fanns en tid
när vi log
för att vi levde
när det var tillräckligt
att leva och le.

Den gamla kvinnan i min kropp
kan inte räkna dagarna som väntar
kan bara vänta dagarna som räknas
när kroppen känns igen
lusten får liv
och det oundvikliga försonar
natten med dagen
längs upplösta gränser.

Jag staplar andetag
längs gränsen
kränger orden
med avigsidan ut
satser och motsatser
huggna i sten
från berget
där vårdkasen vårdas
ständigt redo att tändas
när fienden pressar gränsen
meter för meter
och mitt jag
förvandlas till gränsfall.

Färden genom galaxernas spiraler
är alldeles tyst,
bara längst in
dånar evigheten.

Det där grönskimrande klotet
blir allt mindre,
den mörka mullen
allt fuktigare.

Hur nära himlen måste man komma
för att förvandlas
till sin ängel?
Hur nära jorden vågar man komma
utan att dras ner
i sin grav?

När tiden obemärkt
passerade
var det för sent.
Mina angelägenheter
vecklade ut sig
som gamla kartor
där
jag försökte följa
de övergivna linjerna
överlista de invecklade vägvalen,
anade inte
att det var fara å färde
att någonting växte i min frånvaro
att det var jag
som var villebrådet.